NOTICE BIOGRAPHIQUE

SUR MONSIEUR

GUSTAVE MARIE ALEXANDRE LARDEUR

Chevalier de l'Ordre de Saint Grégoire-le-Grand

Né à Andrehem le 2 Mai 1808.

Décédé à Boulogne-sur-Mer le 28 Mars 1887.

AMIENS

TYPOGRAPHIE DELATTRE-LENOEL

Imprimeur de l'Évêché

1888

NOTICE BIOGRAPHIQUE

SUR MONSIEUR

GUSTAVE MARIE ALEXANDRE LARDEUR

Chevalier de l'Ordre de Saint Grégoire-le-Grand

Né à Andrehem le 2 Mai 1808.

Décédé à Boulogne-sur-Mer le 28 Mars 1887.

AMIENS

TYPOGRAPHIE DELATTRE-LENOEL

Imprimeur de l'Évêché

—

1888

GUSTAVE MARIE ALEXANDRE LARDEUR

Chevalier de l'Ordre de Saint Grégoire-le-Grand

Plusieurs feuilles locales ont raconté sommairement la carrière de M. Gustave LARDEUR, s'attachant aux côtés de sa vie par lesquels il s'était, en de rares occasions, révélé au public, et rendant pleine justice à l'homme d'intelligence et de goût, à l'écrivain de bonne race.

La famille a été profondément reconnaissante, et aussi pleinement satisfaite, de ces éloges venus de plumes autorisées, sortis de cœurs vraiment sympathiques. Toutefois, plusieurs membres de la Conférence Saint-Vincent de Paul et quelques amis intimes, ceux-ci envisageant le caractère de ce grand et aimable chrétien, ceux-là considérant son œuvre, ont regretté que ses belles qualités de cœur et ses belles actions n'eussent point été groupées dans une notice complète.

Les lignes suivantes répondront peut-être à un désir plusieurs fois manifesté.

Né le 2 mai 1808, M. Gustave LARDEUR avait reçu le bienfait — rare à cette époque — d'une éducation fortement chrétienne. Foi vive et amour de l'Église, sentiments élevés et généreux, culte passionné des saines traditions du passé, horreur d'une révolution anti-religieuse dans son principe, tels furent, dès l'enfance, sous la prudente et sévère conduite d'un père et d'une mère que distinguaient d'éminentes vertus, les premiers traits de son caractère. Ils se résument, ou plutôt leur note dominante s'accuse, dans ces mots gravés sur sa tombe :

Custodivit anima mea testimonia tua, et dilexit ea vehementer.

(Ps. 118).

J'ai toujours observé ta loi, Seigneur, j'ai toujours défendu l'autorité de ta parole divine, et je l'ai aimée de toute la vivacité de mon âme.

Élève du Petit-Séminaire de Saint-Acheul jusqu'en 1826, M. Gustave LARDEUR fit ensuite son droit à Paris. Sa correspondance d'alors avec ses anciens maîtres témoigne du bon souvenir qu'il leur avait laissé, et fait pressentir son rôle à venir.

Il termine à peine ses études juridiques qu'un incident, prélude d'une vie d'honneur et de dévouement, le peint déjà tout entier.

C'est en 1832. M. Gustave LARDEUR se trouvait dans le département de l'Oise, au Mesnil-Saint-Firmin, où il s'initiait à la science agricole, dans l'établissement de M. Bazin. Soudain, dans sa paisible retraite éclate cette nouvelle sinistre : le choléra a envahi la région, il est tout près du bourg !... Écoutons le pensionnaire de M. Bazin : « Le » choléra nous a visités de près — écrit-il à sa mère — » Mercredi, une femme, qui revenait de Paris, en est morte » à un quart de lieue d'ici. Grand a été l'effroi de tous nos » fiers-à-bras. Peu s'en fallut que la malheureuse n'expirât » sans aucune espèce de secours. Il n'y a pas d'expression » pour peindre la poltronnerie, l'égoïsme. l'infamie de ces » gens là. Les médecins du pays ont eux-mêmes fait preuve » de la plus insigne lâcheté. Mais je ne m'embarque pas » dans cette histoire que je n'ai pas le temps de vous conter

» aujourd'hui. Je me borne à vous dire qu'il n'y a pas de
» nouveaux cas ; tout porte à croire que ça s'arrêtera là.
» Au surplus, à la garde de Dieu et de la Sainte-Vierge ! »

Ce que ne dit pas le vaillant jeune homme, et ce que nous trouvons dans une lettre de son père, c'est que, dans l'épouvante générale, il vola au secours de la cholérique abandonnée, la soigna et l'exhorta jusqu'au dernier soupir.

C'était un coup d'essai. Plus tard, à Boulogne, lors de chaque réapparition du fléau, M. Lardeur se sacrifiera jusqu'à compromettre sa santé. En 1849, en 1866, il passera des journées entières au milieu des cholériques.

M. Gustave Lardeur se trouva de bonne heure livré à lui-même. Sa sainte mère était morte avant qu'il eût achevé ses études. Son père entra dans les Ordres et se consacra entièrement à une œuvre d'enseignement. Fondateur de l'Institut des Frères de Saint-Joseph, qui a pour objet la formation d'instituteurs chrétiens, le R. P. Alexandre Lardeur passa le reste de ses jours dans la Maison de Saint-Fuscien (près Amiens) dirigée par lui avec une intelligence et un dévouement qui devaient assurer l'avenir de cet établissement, toujours prospère. C'est dans les rapports lus aux Assemblées annuelles de l'Association des anciens élèves de Saint-Fuscien, notamment celui de 1886, que l'on peut suivre, dès ses origines, la noble carrière de l'éminent Supérieur, et que l'on peut apprécier tout ce que maîtres et élèves lui avaient voué d'estime, d'affection et de respect filial. Le R. P. Lardeur n'avait pas, du reste, perdu de vue sa famille selon la chair, témoin une volumineuse correspondance pleine des témoignages d'un amour paternel toujours vivace et de conseils marqués au coin de la plus haute sagesse. Sorte de direction à distance qui ne contribua pas peu à lancer dans la voie des bonnes œuvres son digne fils dont nous reprenons maintenant la petite biographie.

Au lendemain de 1830, longtemps incertain sur le choix

d'une carrière, mais bientôt attiré vers cet apostolat laïque qui remplit son existence, M. Gustave Lardeur n'attendait qu'une occasion de faire un noble emploi de son temps et de ses riches facultés. Cette occasion s'offrit quand s'implanta à Boulogne l'Œuvre providentielle des Conférences de Saint-Vincent de Paul, fondée à Paris, en 1833, dans une chambrette d'étudiant, maintenant répandue sur toute la surface du globe.

Bien que marié et père de famille, M. Lardeur se voua corps et âme à cette noble entreprise. Passé maître, dès les premiers jours, dans l'art délicat de gagner le cœur du pauvre, de se faire écouter des enfants des écoles et des patronages, il excellait aussi dans la rédaction de ces exposés, si ingrats de leur nature, que l'on appelle les rapports d'œuvres. Ses communications étaient fort goûtées des Confrères de Paris. D'admirables lettres de M. Baudon, précieusement conservées dans les archives de la Conférence Notre-Dame, montrent avec quel particulier intérêt le Conseil général suivait le premier essor de notre petite société, dans les bulletins si vivants, si finement humoristiques de notre pieux et spirituel rapporteur.

La présidence de notre Association naissante avait d'abord été confiée à un brillant avocat du barreau boulonnais, M. A. Gros que la droiture de son jugement, et sa vivacité toute militante dans toutes les causes intéressant la religion, avaient signalé aux catholiques de la ville comme le plus capable de les diriger dans ce premier essai de groupement. En 1850, à la veille de son départ pour la capitale, où l'appelait son mandat législatif, M. Gros, devancé du reste par le suffrage unanime de ses confrères, désigna pour son successeur son plus intime ami, M. Gustave Lardeur.

Le nouveau président ne se borna pas à développer l'œuvre dans l'enceinte de la cité, il s'en fit dans toute la région environnante l'apôtre infatigable. Mais, pour

répandre au loin la bonne semence et faire des prosélytes,
que de lettres, que de démarches, que de pérégrinations
à travers ce charmant Boulonnais dont nul, autant que lui,
ne connaissait et ne goûtait les sentiers solitaires, les sites
pittoresques, les vieux souvenirs.

Rarement le succès répondait aux premiers efforts. Mille
objections se dressaient devant l'ardent missionnaire. Les
éléments, les conditions n'étaient jamais au complet : ici,
un président et pas de confrères ; là, des confrères et pas
de président. Ailleurs, une Conférence armée de toutes
pièces, animée du meilleur vouloir, mais paralysée par
suite des préventions d'un pasteur défiant aux yeux duquel
de telles innovations, déjà trop laïques à son gré, ne disaient
rien de bon. M. LARDEUR revenait à la charge et presque
toujours emportait la place. Un suprême appel, plus pres-
sant, plus chaleureux, une saillie opportune, un souvenir
placé à propos, désarmait l'opposition, décidait les hésitants,
suscitait des capacités introuvables jusque-là, et la petite
Conférence naissait....

Quinze Conférences, de bourg et de villages, furent créées
de la sorte de 1854 à 1860, rejetons pleins de vigueur qui,
toujours en rapport avec la Conférence-Mère, lui adressaient
régulièrement le récit, parfois charmant, de leurs exploits
charitables, de leurs petites conquêtes, et, ce qui vaut
mieux, lui envoyaient, chaque année, de vaillants délégués
dont la bonne physionomie et la franche cordialité faisaient
l'ornement et la vie de nos Assemblées générales d'alors.

Devant ce franc succès, on rêvait un avenir enchanteur,
un réseau de toutes sortes d'œuvres embrassant tous nos
environs, le Boulonnais revenu aux vieux us d'autrefois,
et défendu pour longtemps contre un progrès délétère.

« Puisque je suis sur le chapitre des œuvres accessoires,
» s'écriait, dans une grande réunion, l'insatiable fondateur,
» permettez-moi de proposer au zèle de nos confrères des

» campagnes une œuvre ancienne, maintenant bien aban-
» donnée, mais qu'il ne serait pas impossible de faire revivre.
» Qui de nous, touchant à la cinquantaine et se reportant
» aux années de son enfance, ne revoit pas ces jeux de balle
» et de paume engagés, à l'issue des vêpres, sur la place
» publique ou sur quelque pelouse choisie de temps immé-
» morial ? Les joyeuses parties ! quelle animation ! quel
» entrain !…Les paroisses voisines venaient disputer l'honneur
» du prix. Femmes, enfants, faisaient galerie ; le curé, les
» mains derrière le dos, souriait à cette joie innocente.
» Au lieu de s'enfermer, des cartes à la main, dans des
» cabarets infectés de tabac et de mauvais propos, on se
» désaltérait sur place, on *trinquait* avec les adversaires,
» et la joûte recommençait de'plus belle. Après quoi, il y
» avait de la fatigue assurément, mais une fatigue saine,
» favorable à la santé du corps, favorable surtout à la santé
» de l'àme. Avec quel gai courage reprenait-on ses travaux,
» tout en songeant, d'un dimanche à l'autre, à la bataille
» prochaine ! »

Mirages, douces illusions, qu'un coup de foudre brisa
bientôt. L'empire *libéral*, dans son impartiale justice, interdit
aux confrères de Saint Vincent de Paul, comme aux frères de
la Maçonnerie, à ceux-ci pour la forme, à ceux-là en toute
rigueur, toute organisation hiérarchique, tout lien fédératif.

Ce fut la fin des Conférences rurales. La crainte d'un état
d'hostilité ouverte avec le Gouvernement, la perspective de
l'isolement, déterminèrent, de toutes parts, de désastreuses
défections. Plus tard, après la guerre, (quand l'on se crut
sous un régime de liberté et de restauration religieuse),
on fit quelques essais de relèvement partout où les anciennes
missions semblaient avoir laissé quelques traces. Vaines
tentatives ! Chémins de fer, industrie, cabarets, mauvais
journaux avaient fait aussi leur œuvre, ruinant à la fois
paysages et bonnes mœurs.

Et maintenant, c'est bien fini. Comment trouver trois hommes de bonne volonté pour former une Conférence là où l'on n'en trouve plus dix pratiquant leurs devoirs stricts!

Il y eut dans les premiers temps du régime impérial un mouvement de renaissance catholique qui trompa plus d'un ferme esprit. Ce fut l'époque de ces imposants pèlerinages qui rassemblaient, chaque année, dans l'antique sanctuaire de Notre-Dame de Boulogne, des foules venues de tous les points de la région du Nord, de la capitale et même de l'Etranger. Qui ne se souvient de ces magnifiques processions, celle notamment de 1858 que suivirent, en compacte phalange, deux cents disciples de Saint Vincent, confrères boulonnais de la ville et de la campagne, confrères anglais, allemands, belges... Ce concours, sans cesse renouvelé, fut pour M. Lardeur l'occasion d'un grand nombre de relations distinguées, le point de départ de pieuses et fidèles liaisons. On s'adressait une première fois au président des Conférences, mais on revenait bientôt voir le causeur érudit et charmant, le philosophe chrétien de la bonne école, et — on peut le dire sans trop de flatterie — le modèle achevé de cette vieille politesse française dont les traditions semblent à jamais perdues.

Ces qualités de l'homme du monde, M. Lardeur en faisait un merveilleux usage dans la société de ses pauvres. « Ayons dans nos visites la courtoisie de la charité », répétait-il aux confrères. Et certes, ceux d'entre nous, novices dans l'Œuvre, ne pouvaient trouver un meilleur maître. Il avait une façon à lui de dire un simple bonjour, de serrer la main, de caresser les enfants, qui ne manquait jamais son effet. Le chef de famille sortait de sa réserve défiante, la mère de sa résignation passive, et l'enfant le plus effarouché de sa nature courait de lui-même au devant de ce visiteur sympathique. Il s'oubliait longtemps dans la compagnie de ses protégés, écoutant leur histoire, s'intéressant à tous les événements de leur vie, et réussissant toujours à réveiller de vieux sentiments chrétiens, atrophiés par la misère.

M. Lardeur était surtout connu dans le quartier de la *Beurrière*, où il se plaisait tant au contact des rudes natures de nos marins. Les incidents de leur vie aventureuse étaient son thème favori, le sujet de chrétiennes exhortations toujours écoutées. Plus d'un de ces pauvres gens se rappela ses pieux avis à l'heure du péril, plus d'un jeune marin de l'État garda longtemps sur la poitrine le scapulaire et les médailles que le bon président y avait placés de sa main, comme il garda dans le cœur le souvenir de ses virils encouragements. Nombre de lettres datées de Cherbourg, Toulon, Rochefort, des colonies, disent assez l'influence qu'il savait exercer sur ces braves enfants.

Une œuvre annexe de l'Œuvre de Saint Vincent de Paul — qui exige une plus large dose, si c'est possible, de tact et de courage — c'est celle de Saint François Régis, ayant pour objet la réhabilitation des unions illégitimes, le mariage chrétien des indigents.

Dès l'origine de la Conférence de Boulogne, une section des mariages fut créée dans son sein. Mais les procès-verbaux innombrables qui font tous allusion à la « Commission de Saint Régis » ne disent point que, durant ses quarante années d'exercice, cette commission ne se composa jamais que d'une seule personne, M. Gustave Lardeur, à la fois président, secrétaire, catéchiste, faisant seul lettres et démarches, s'occupant seul des mille détails de cette besogne compliquée et fastidieuse. « Je n'ai la main heureuse qu'avec les gueux, — écrivait-il un jour — j'en ai marié à l'heure présente plus de six cents. » On devine combien ce chiffre devait grossir, si l'on songe que cela était écrit en 1854, et que son œuvre des mariages ne devait être interrompue qu'un an avant sa mort.

Les œuvres de charité n'étaient pas le seul moyen d'action de cet homme de bien: promenades, excursions d'affaires, parties de chasse, toute occasion lui était bonne pour semer çà et là ces bonnes paroles chrétiennes dont il avait le secret, et qui allaient droit au cœur de ses rustiques auditeurs. Dieu sait combien d'amis inconnus — ouvriers des champs, cantonniers du grand chemin — s'était acquis M. LARDEUR, par le seul effet de ces colloques d'un instant, où le mot lui venait, toujours juste, pittoresque et cordial.

Jaloux au plus haut degré des prérogatives du Saint-Siège — comme l'a dit M. le grand doyen de Boulogne dans son bel éloge du défunt prononcé, à Notre-Dame, devant les membres des Conférences — son attachement à l'Église romaine ne souffrait aucun compromis. Il la voulait intacte, respectée aveuglément de tous les cœurs catholiques, dans sa doctrine, dans ses rites, dans sa belle liturgie.

Père de famille, M. LARDEUR aimait ses enfants, non de cette tendresse molle et démonstrative qui ne sait que flatter, mais de cette affection virile et contenue qui n'affaiblit en rien l'autorité. Dans leurs études, partout où ils résident, les suit une sollicitude inquiète et constante. Dans ses innombrables lettres à leur adresse, se révèlent, au milieu de toute la verve d'un cœur débordant et d'une âme d'artiste, toute la sagacité, tout le vieux bon sens des éducateurs d'autrefois.

Sans jamais cesser de les animer au travail, M. LARDEUR ne se lasse pas non plus de leur recommander de faire, avant tout, provision de piété forte et d'honneur chrétien. Quand ses deux filles se donnèrent à Dieu, l'une, toute jeune, comme Sœur de Saint Vincent de Paul, l'autre, beaucoup plus tard, comme Petite-Sœur des Pauvres, le cœur du père fut atteint sans doute, mais la fierté du chrétien se réjouit, et la foi triompha bientôt des émotions de la nature.

Profondément humble, défiant de lui-même à l'excès, M. Gustave LARDEUR ne redoutait rien tant que la publicité.

Parfois cependant sa plume s'exerce en dehors de la sphère intime des Conférences et de la famille. Conseiller municipal en 1849, il fut chargé de certains travaux bien appropriés à sa compétence d'homme d'œuvres. Le rapport sur le *Paupérisme*, celui sur l'adjonction de sœurs de charité au bureau de bienfaisance sont remarquables, tant pour les qualités du style, que pour cette discrétion ingénieuse qui, sous le voile des théories humanitaires seules accessibles aux cervelles libérales des conservateurs d'alors, sait pourtant insinuer de bonnes vérités, et représenter en fin de compte le principe catholique comme le seul remède au mal social, et les ordres religieux comme les meilleurs agents des réformes à opérer et du bien à faire.

Le Conseiller catholique contribua à doter Boulogne d'un véritable trésor d'intelligents dévouements en déterminant l'appel de sœurs de Saint Vincent de Paul.

Quel autre, mieux que lui, eût pu raconter les immenses services de ces nobles filles dont il fut — quelques années comme administrateur du Bureau, toute sa vie comme confrère de Saint Vincent de Paul — le quotidien collaborateur.

Une autre fois, c'est à l'autorité artistique de M. G. LARDEUR que l'on fait appel et que l'on rend hommage. Il s'agit de l'érection d'une église au quartier de Capécure.

Deux projets en présence : celui de M. G***, l'un de ces innovateurs dont les conceptions hybrides prétendent infliger un démenti au renom de stérilité architecturale de notre siècle ; celui de M. DEBOYSER, fidèle aux traditions, ami d'autant plus cher à M. LARDEUR qu'ils ont tous deux une égale prédilection pour le style gothique dans toute sa pureté. M. G*** avait aussi son tenant. Plusieurs lances furent rompues devant la ville attentive, et la palme demeura au champion du style ogival dont les idées furent pleinement adoptées. Mais quelle diversité d'armes dans cette joûte acharnée ! D'un côté, une verve emportée, agressive ; de l'autre, les raisons solidement techniques, la causticité de bon ton, et comme le dit l'annuaire de 1888, par la plume d'un juge autorisé — « un style nerveux et coloré, du Veuillot de la bonne manière. »

Sa chère œuvre des Conférences ne se releva pas aisément du coup terrible que lui avait porté le fameux décret Persigny. Sans parler de la ruine irrémédiable des groupes ruraux, des vides s'étaient produits même dans la Conférence Notre-Dame.

Les uns n'avaient voulu demeurer, par crainte de se compromettre, d'autres — il faut l'avouer — faute de persévérance chrétienne. Un jour le Président fait une piquante allusion à ces deux catégories de déserteurs : « quelques » uns, dit-il, nous ont quittés, comme Horace, *parmula non* » *bene relicta*, d'autres, en plus grand nombre, comme » Nicodème, *propter metum Judæorum*. »

Arrivent enfin d'excellentes recrues qu'il accueille avec cette gracieuse aménité, qui si vite rompait la glace et mettait à l'aise les nouveaux venus.

Elu, à l'unanimité, président du Conseil particulier qui avait été rétabli à la suite de la création d'une Conférence dans la ville basse, M. LARDEUR garda ses fonctions jusqu'en 1882. Les Confrères s'efforcèrent en vain, à cette époque, de le faire revenir sur une démission que rien ne semblait justifier à leurs yeux, tant le vétéran de Saint Vincent de Paul, en dépit de ses 74 ans, avait conservé de verdeur et d'activité juvénile.

Peu de temps après, M. LARDEUR parut en quelque sorte concentré en Dieu, tout absorbé dans la pensée de ses fins dernières. Quelques dignes religieux, ses confidents et ses compagnons dans des promenades de jour en jour plus écourtées, furent les derniers témoins de cette période de retraite et de vie intérieure. Ces amis des deux ou trois dernières années se sont plu à nous redire combien ils

avaient goûté le commerce de l'homme d'élite qui, trahi, il
est vrai, comme toutes les personnes d'un âge avancé, par
une mémoire affaiblie, avait gardé intactes la sûreté de son
jugement, la fermeté et l'élévation de son esprit si profondément chrétien.

A mesure qu'il approchait de sa fin, il semblait que
M. Lardeur s'attachât davantage à son règlement d'homme
d'œuvres. Chaque jour, hiver comme été, il entendait la
sainte messe et poursuivait, sans bruit, toutes ses pratiques
de bienfaisance. La veille du jour où se déclara le mal
soudain qui devait l'emporter, il était allé, d'un pas
défaillant, visiter ses familles pauvres. Ce fut sa dernière
sortie. Un mois après, il recevait les derniers sacrements,
en pleine connaissance, et répondant lui-même aux prières
de l'Eglise.

Dans les derniers temps de sa vie, sous l'impression de
lamentables événements qu'il avait prévus de longue date,
et plus que personne d'entre nous, la physionomie de
M. Lardeur, jadis si ouverte et si avenante, avait revêtu
un cachet de tristesse révélant les angoisses de l'âme. La
maladie avait singulièrement accentué cette expression de
souffrance morale. Après la mort, il parut comme transfiguré.
On ne se lassait pas de le contempler, les mains jointes sur
le crucifix qu'avait baisé son propre père mourant, le visage
empreint d'une gravité sereine et reposée, semblable à celui
des grands saints de pierre qu'il aimait tant voir couchés
sur leurs tombeaux.

Un recueillement tout particulier régna dans la foule qui
suivit son convoi. Aux amis et aux obligés, s'étaient joints
bien des gens qui n'avaient connu M. Lardeur que par
la renommée indirecte de ses belles actions, ou pour avoir
surpris quelque jour à l'œuvre celui qui n'aimait à faire
le bien que sous l'œil de Dieu.

Ses obsèques furent d'une simplicité conforme à la

volonté bien connue du défunt. Que de fois M. LARDEUR ne s'était-il pas élevé avec énergie contre l'ostentation païenne des funérailles !

Sur le cercueil, rien de plus qu'une belle croix de violettes, délicat et symbolique hommage d'un cœur bien fait pour apprécier ces chrétiens des anciens jours, « ces héros de la charité silencieuse, — suivant le mot de Joseph de Maistre — qui se cachent et n'attendent rien dans ce monde. »

Un Confrère de Saint Vincent de Paul.

Amiens. — Typ. Delattre-Lenoel, rue de la République, 32.

9 782329 552521